Podręcznik Do Nauki Kaligrafii

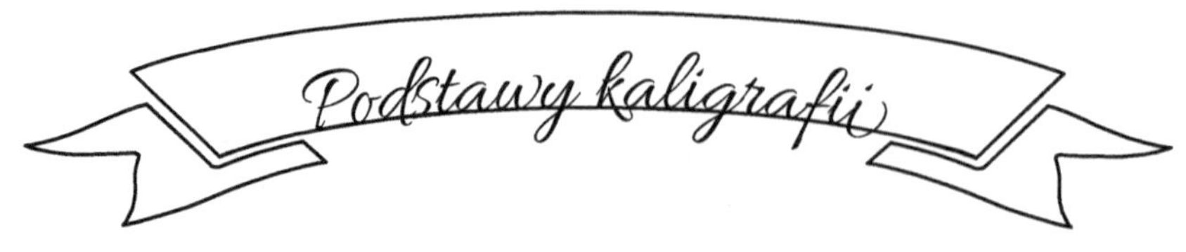

Bez spiny — nowoczesna kaligrafia to nie zasady jak z podręcznika ani żadne starodawne reguły. Chodzi o swobodę, kreatywność i dodawanie czegoś od siebie do każdej litery. Ale jest jeden sekret: dobra postawa, wygodny chwyt i odpowiedni papier to klucz do sukcesu. Dzięki temu wszystko płynie naturalnie, a Ty możesz naprawdę cieszyć się pisaniem. Opanowanie tych podstaw sprawi, że Twoje pióro zacznie tańczyć po kartce, a Twój styl zacznie błyszczeć.

Postawa

Myślisz, że sposób siedzenia nie ma znaczenia? Oj, ma i to spore! W kaligrafii liczy się płynność ruchu i wygoda. Usiądź tak, żeby było Ci komfortowo — najlepiej przy stole, stopy płasko na podłodze, ramię swobodne. Nie tylko dłoń, ale całe ramię ma pracować. Pomyśl o tym jak o tańcu — każdy ruch powinien być płynny, pewny i z wyczuciem.

Pióro

Twoje narzędzie piszące to jak czarodziejska różdżka. Nie ma jednego „najlepszego" — może to być pędzelek, cienkopis albo zwykły marker. Wybierz to, co Ci odpowiada. Trzymaj go pod lekkim kątem, pewnie, ale bez napinki. Nie stresuj się, jeśli linie są koślawe — właśnie tak zaczyna się zabawa. Kaligrafia to nauka, eksperymenty i odkrywanie własnego stylu. Daj mu się rozwijać naturalnie.

Narzędzia do kaligrafii

Zacznij prosto, jeśli lubisz testować nowe rzeczy, łatwo wsiąknąć w świat artykułów plastycznych. I serio — można wydać majątek. Ale spokojnie, na początek wystarczy kilka prostych rzeczy. Zamiast kupować wszystko na raz, postaw na sprawdzone podstawy. Oto narzędzia, które dobrze mieć pod ręką:

★ Ołówek

Dobry start. Klasyczny, tani, pewny. Świetnie sprawdza się do szkicowania liter przed właściwym pisaniem.

★ Cienkopis / długopis

Jeśli nie wiesz, od czego zacząć — wybierz cienkopis.Daje wyraźne, równe linie. Unikaj flamastrów i żelopisów — mogą utrudniać kontrolę.

★ Pisaki pędzelkowe (brushpeny)

Nowoczesna wersja pióra z duszą.

Idealne do ćwiczeń z grubszymi i cieńszymi liniami.

Na początek wybierz mniejszy, sztywniejszy model — łatwiej się go opanowuje.

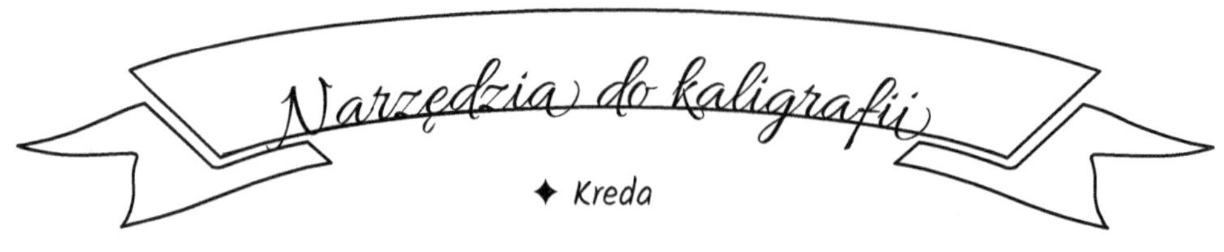

✦ Kreda

Markery kredowe to prawdziwy hit. Trochę wprawy i możesz tworzyć niesamowite napisy na tablicach w kilka chwil — od menu w kawiarni po sztukę uliczną. Kaligrafia kredą ma w sobie coś, czemu trudno się oprzeć.

✦ Papier

Choć w tej książce masz dużo miejsca do ćwiczeń, eksperymentowanie z różnymi rodzajami papieru może zrobić ogromną różnicę. Grubszy papier, np. brystol, daje gładsze linie i lepiej chłonie tusz. Unikaj cienkiego papieru jak ten do drukarki — może być frustrujący w pracy i zaburzyć rytm pisania.

✦ Cienkopis do monoliniowej kaligrafii

Ten cienkopis to podstawa do ćwiczeń jednolitych linii. Prosty, precyzyjny i łatwo dostępny w sklepach plastycznych — świetny do nauki czystych, równych liter.

✦ Pisaki pędzelkowe

Brushpeny to Twoi sprzymierzeńcy w nowoczesnej kaligrafii. Idealne zarówno do grubych, odważnych liter, jak i do drobnych, dekoracyjnych elementów. Sprawdzą się świetnie, jeśli chcesz połączyć liternictwo z ozdobami.

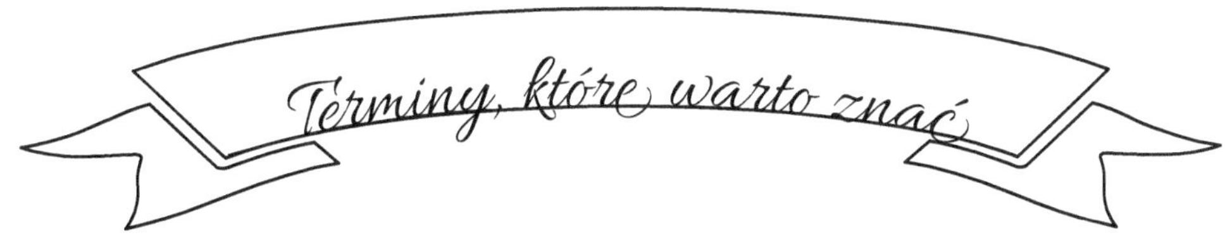

Zanim zaczniesz tworzyć piękne litery, warto poznać kilka kluczowych pojęć.

Potraktuj to jak naukę alfabetu przed pisaniem słów — nie pomijaj tej

części! Zrozumienie podstaw ułatwi Ci dalszą przygodę z kaligrafią.

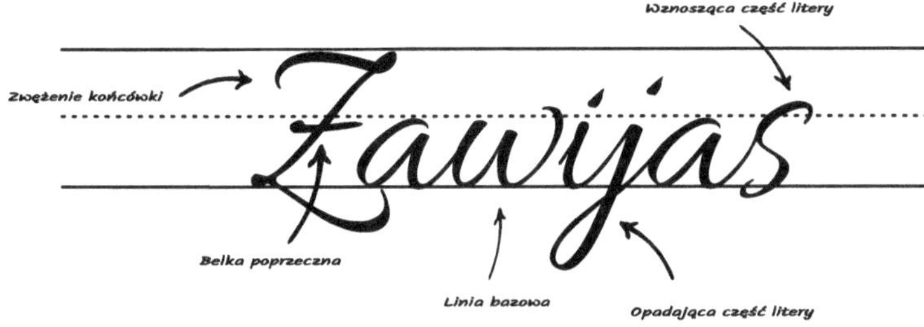

◆ Linia opadająca (descending stroke)

Każdy ruch narzędziem w dół. Zwykle są grubsze i dodają literom ciężaru i głębi.

◆ Linia wznosząca (ascending stroke)

Każdy ruch narzędziem w górę. Zazwyczaj cieńsze, lekkie, nadające literom elegancji.

◆ Wznosząca część litery (ascender)

Część litery, która wystaje ponad środkową linię pisma — np. górna część , f" lub , h".

◆ Opadająca część litery (descender)

Część litery schodząca poniżej linii bazowej — np. ogonki liter , g" lub , y".

◆ Flow

Dekoracyjne zawijasy lub strzałki dodawane do liter, by nadać im charakteru i osobowości.

◆ Belka (crossbar)

Pozioma linia w literach takich jak , t", , f" lub wersalika , H".

◆ Kształt litery (letterform)

Ogólny kształt i struktura litery — jej unikalny wygląd i styl.

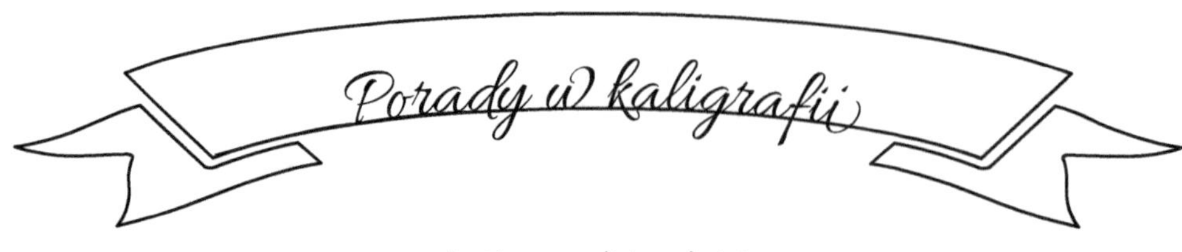

✦ Pisz powoli i spokojnie

Traktuj każdą literę jak małe dzieło sztuki. Skup się na rysowaniu liter z troską, zamiast na szybkim pisaniu jak odręczne notatki.

✦ Zaczynaj od ołówka

Ołówek to Twój przyjaciel — pozwala szkicować, ścierać i poprawiać litery, aż będą wyglądały jak trzeba. Błędy są częścią nauki!

✦ Pisz po jednej kresce

W przeciwieństwie do pisma odręcznego, tutaj po każdym ruchu podnosisz narzędzie. Kaligrafia nowoczesna to budowanie litery kreska po kresce — masz więcej kontroli i precyzji.

✦ Zasada grubości

Pociągnięcia w dół są zawsze grubsze. To właśnie ten kontrast sprawia, że kaligrafia wygląda tak efektownie.

✦ Cienkie linie w górę

Z kolei ruchy w górę powinny być lekkie i cienkie. Pozwól ręce płynąć — dzięki temu litery zyskają wdzięk i lekkość.

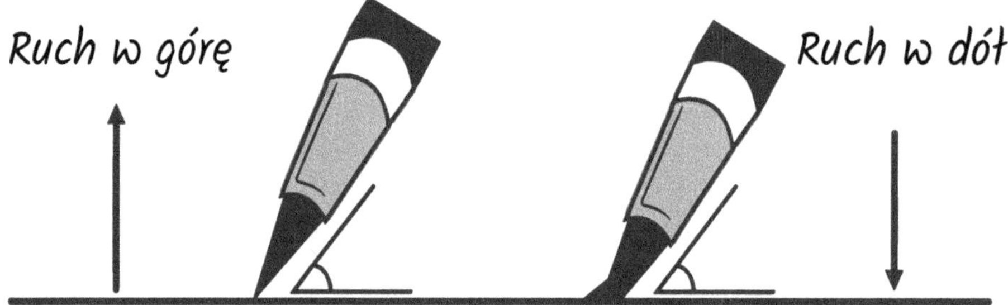

W kolejnym rozdziale przejdziemy do podstaw – nauczysz się rysować najważniejsze kreski i budować z nich efektowne litery!

Złap ołówek, cienkopis albo brushpen i... zaczynamy!

Podstawowe kreski

To, co nazywamy „fałszywą kaligrafią", to idealny punkt wyjścia. Choć grube,

ozdobne litery wyglądają super, ja w praktyce kocham monolinię — prostą i szybką.

Ten styl przypomina kaligrafię brushpenem, ale bez zmiany nacisku — cała linia ma

taką samą grubość. Nie musisz się przejmować grubymi pociągnięciami — wystarczy

cienki ołówek lub cienkopis (im mniejszy, tym lepszy). I gotowe — działaj

swobodnie!

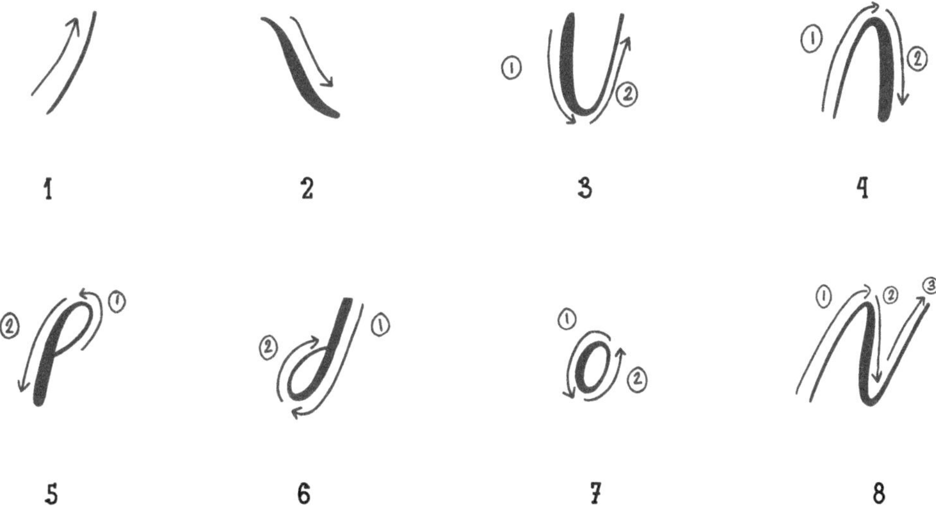

- Wysoka kreska
- Niska kreska
- Kreska powrotna
- Kreska odwrotna

- Pętla w górę
- Pętla w dół
- Owal
- Zakrzywienie złożone

Wysokie kreski

- Zaczynaj od dołu i prowadź linię gładkim ruchem w górę.

- Utrzymuj linię cienką i równą — to daje czysty, estetyczny efekt.

- Używaj lekkiego nacisku, by zachować delikatność i płynność ruchu.

Niskie kreski

- W przeciwieństwie do kreski w górę, tutaj zaczynasz od góry i prowadzisz narzędzie w dół.

- Zacznij od umiarkowanego nacisku u góry, stopniowo go zwiększając, by uzyskać gładką, grubszą linię.

- Pod koniec delikatnie zmniejsz nacisk, by zakończyć linię miękko i estetycznie (tzw. zwężenie).

Podkręcenie

- Zacznij od dolnej części linii i poprowadź pociągnięcie w górę, nadając mu lekki łuk.

- Utrzymuj nacisk lekki i równy — linia powinna być cienka i delikatna.

- Zakończ ruchem w bok lub lekkim wygięciem, przygotowując się do przejścia w kolejną kreskę lub literę.

Zakręt

- Zacznij od cienkiej kreski w górę, używając lekkiego i równego nacisku.

- Płynnie przejdź do kreski w dół, zwiększając nacisk podczas ruchu.

- Kluczem jest płynność — ćwicz łączenie cienkiej kreski w górę z grubszą kreską w dół, by uzyskać estetyczny efekt.

Pętla w górę

- Zacznij cienką kreską w górę, kierując się powyżej linii środkowej.

- Zakręć delikatnie i płynnie w dół, tworząc otwartą pętlę.

- Utrzymuj lekki nacisk — linia powinna być cienka i łagodna.

Pętla w dół

- Rozpocznij od linii środkowej i prowadź linię w dół.

- Zwiększ nacisk i zakręć, tworząc dolną pętlę.

- Kończ cienkim ruchem w górę lub bok — nie przerywaj płynności.

Owal

- Zacznij od lewej strony, rysując zamknięty, lekko pochylony kształt „o".

- Pamiętaj o płynnym przejściu między kreską w górę a w dół.

- Utrzymuj równą wielkość i nachylenie każdego owalu.

Ściskanie zakrętów

- Twórz wąskie, ściśnięte kształty przypominające literę „n".

- Skup się na równomiernym rytmie i lekkim nacisku w górę.

- Dobrze ćwiczy kontrolę nad długością i tempem pisania.

Podstawowa kaligrafia

Alfabet wielkich liter – Styl 1

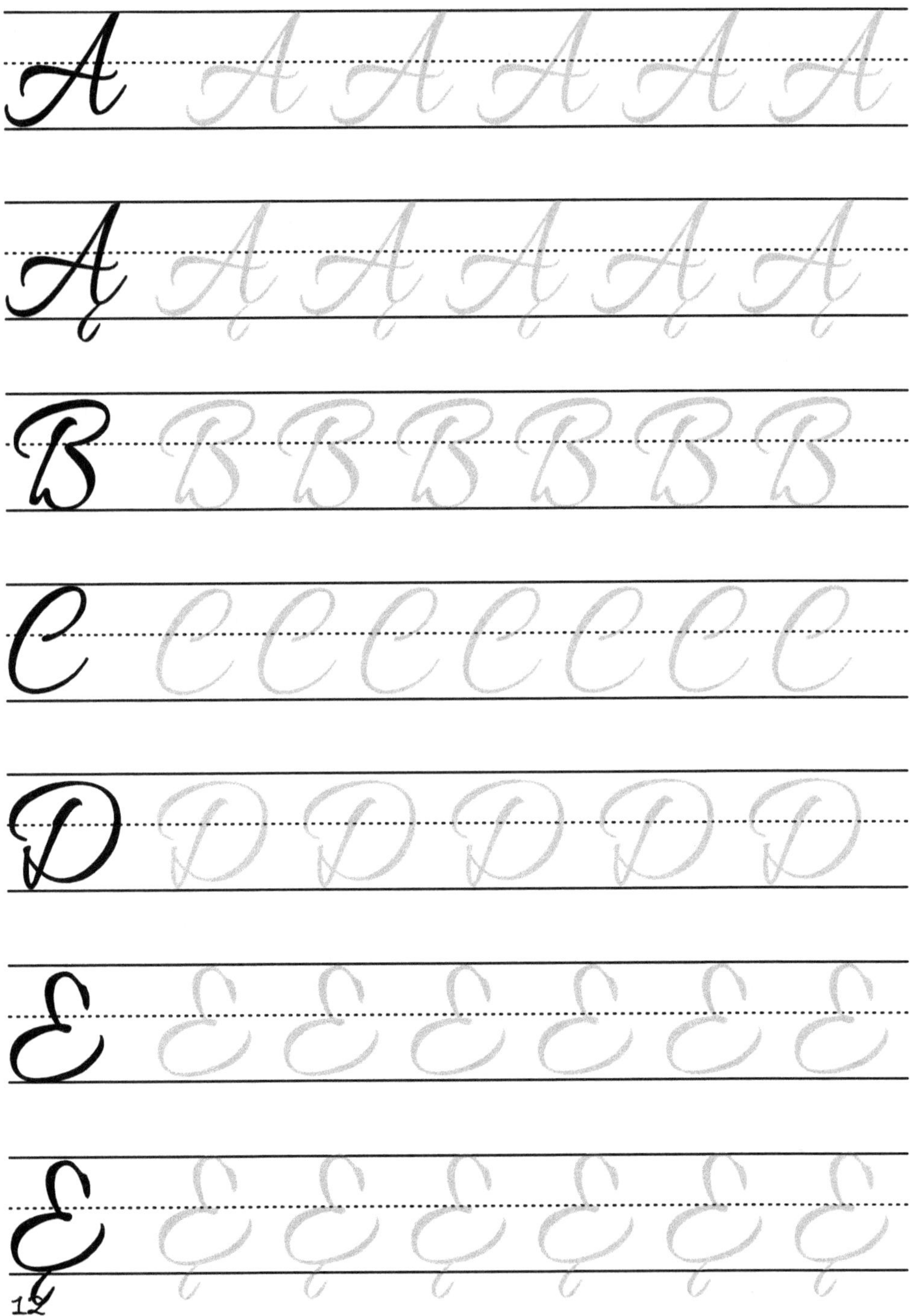

Arkusz ćwiczeń

Tutaj masz przestrzeń na własne próby — możesz ćwiczyć litery, słowa, zawijasy albo całe zdania. Używaj go swobodnie i często!

Podstawowa kaligrafia

Alfabet wielkich liter – Styl 1

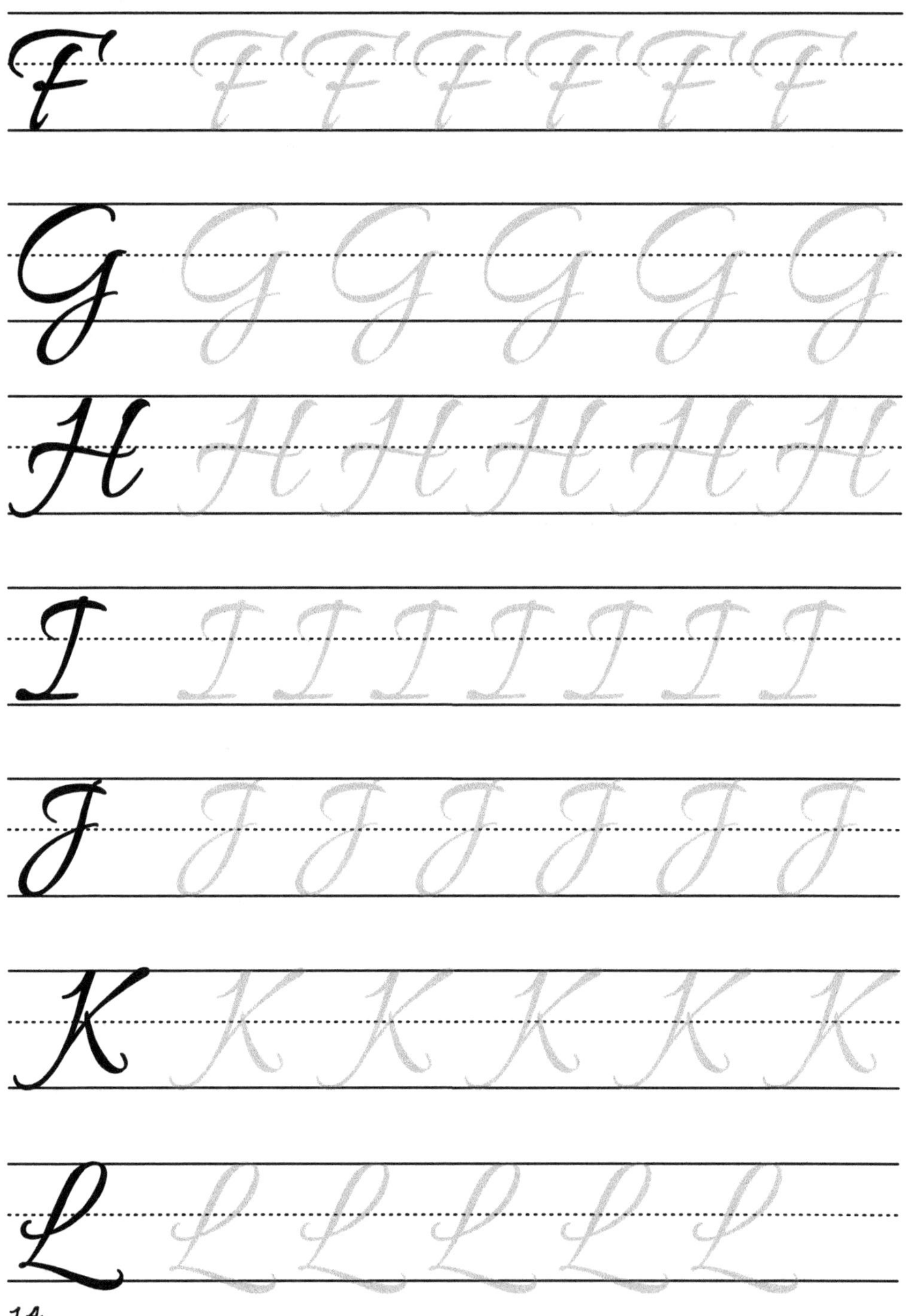

Arkusz ćwiczeń

Znowu masz miejsce na swobodne próby – możesz tu powtarzać litery,
pisać imiona, słowa albo po prostu bazgrać, by rozruszać rękę.

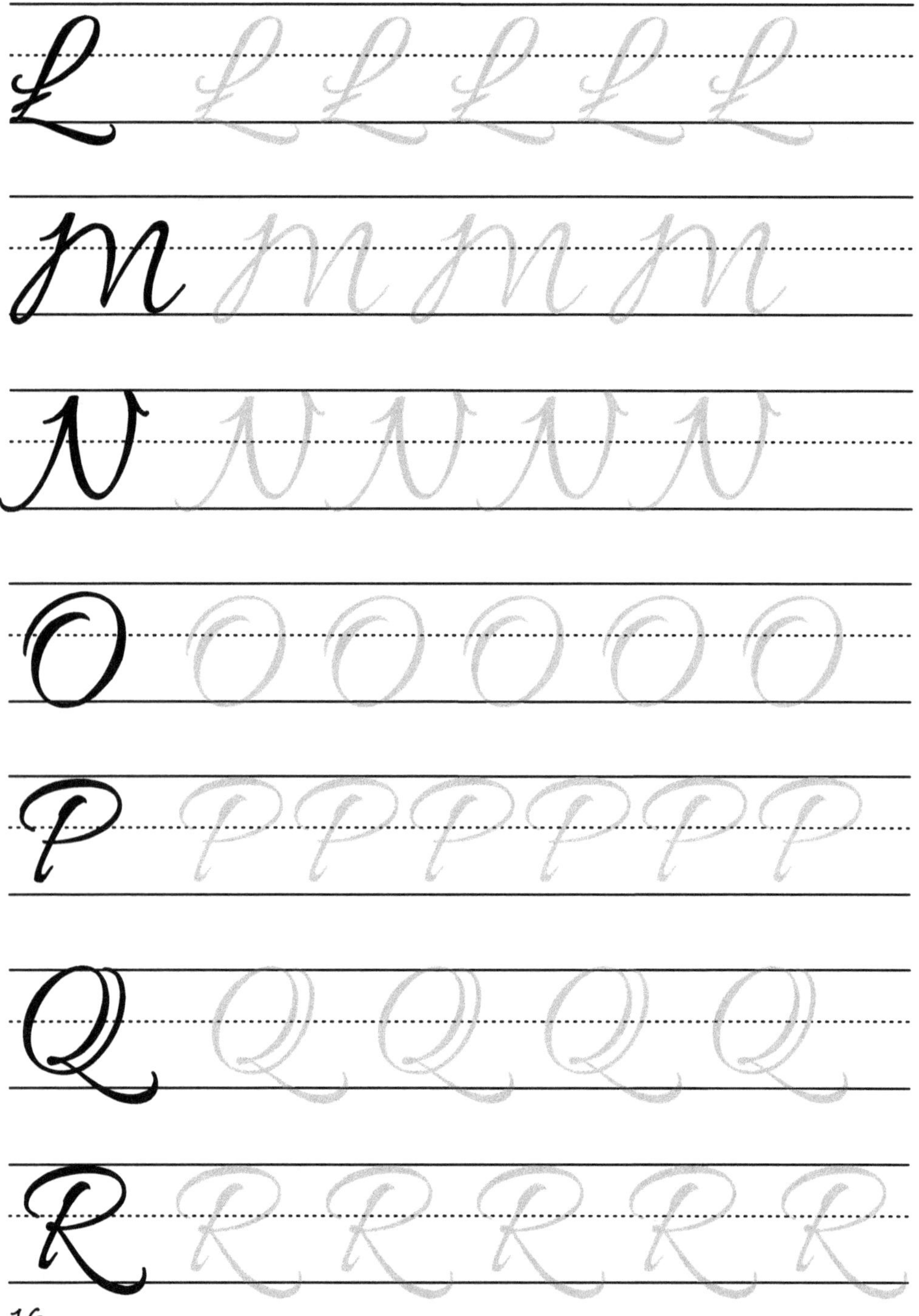

Arkusz ćwiczeń

Czas na Twoje wersje liter. Powtórz to, czego się nauczyłeś(-aś), albo spróbuj tworzyć proste słowa z liter, które już znasz.

Podstawowa kaligrafia

Alfabet wielkich liter – Styl 1

S

T

U

V

W

X

Y

Arkusz ćwiczeń

Ten arkusz możesz wykorzystać do pisania prostych słów, powtarzania liter lub tworzenia własnych ozdobnych kompozycji.

Alfabet wielkich liter – Styl 1

Z

Ź

Ż

Arkusz ćwiczeń

Tutaj możesz powtarzać litery Z, Ź i Ż. Jeśli czujesz się pewnie — spróbuj też napisać swoje imię lub nazwy miejsc!

Podstawowa kaligrafia

Kaligrafia – małe litery (styl 1)

a

ą

b

c

ć

d

e

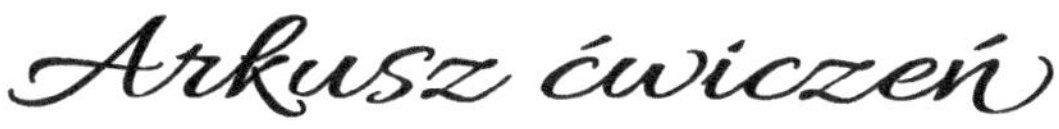

Arkusz ćwiczeń

Tu możesz swobodnie ćwiczyć litery a–g, łączyć je w sylaby lub tworzyć pierwsze proste słowa. Nie spiesz się – skup się na rytmie, oddechu i powtarzalnym ruchu ręki.

Podstawowa kaligrafia

Kaligrafia – małe litery (styl 1)

Arkusz ćwiczeń

Użyj tej strony do swobodnych prób – możesz pisać litery pojedynczo, łączyć je w sylaby, albo trenować podpisy.

Jeśli chcesz, napisz swoje ulubione słowo – to świetny sposób na naukę przez zabawę.

Kaligrafia – małe litery (styl 1)

ł

m

n

ń

o

ó

p

Arkusz ćwiczeń

Masz tu miejsce na pisanie pełnych słów lub własne wersje liter.

Ćwicz rytmiczne łączenia liter – np. pop, art, start, rurka.

Im częściej ćwiczysz, tym lepsza kontrola nad piórem!

Podstawowa kaligrafia

Kaligrafia – małe litery (styl 1)

q

r

s

ś

t

u

v

Arkusz ćwiczeń

To Twoja przestrzeń do powtórzenia całego alfabetu lub zabawy słowami.

Możesz też napisać coś od siebie – cytat, imię bliskiej osoby, nazwę miejscowości.

Twórz z radością, bo o to właśnie chodzi w kaligrafii!

Podstawowa kaligrafia

Kaligrafia – małe litery (styl 1)

w

x

y

z

ź

ż

Arkusz ćwiczeń

Użyj tej strony, by poćwiczyć litery z ostatniego zestawu albo połączyć je w proste słowa. Możesz też wrócić do wcześniejszych liter i tworzyć dowolne kombinacje – tak, jak chcesz. To Twoje miejsce na swobodną kaligrafię – próbuj, mieszaj, twórz!

Podstawowa kaligrafia

Kaligrafia – cyfry (styl 1)

1

2

3

4

5

6

7

Arkusz ćwiczeń

To przestrzeń do ćwiczenia cyfr – możesz powtarzać cyfry od 0 do 7 lub tworzyć proste liczby (np. daty, numery telefonów, itp.).

Spróbuj też napisać swój rok urodzenia albo ulubioną liczbę – w pięknym stylu!

Podstawowa kaligrafia

Kaligrafia – cyfry (styl 1)

8

9

0

Arkusz ćwiczeń

Czas połączyć wszystko w praktyce. Spróbuj napisać datę, numer telefonu, godzinę lub prosty przykład matematyczny w pięknym stylu.

Możesz też poćwiczyć liczby mieszane z literami – np. 2025, No. 1, Art 4U.

Podstawowa kaligrafia

Kaligrafia – wielkie litery (styl 2)

A A A A A A A A A

Ą Ą Ą Ą Ą Ą Ą Ą

B B B B B B B B

C C C C C C C C

Ć Ć Ć Ć Ć Ć Ć Ć

D D D D D D D D

E E E E E E E E E

Arkusz ćwiczeń

Tu możesz swobodnie testować nowy styl – pisz litery pojedynczo, twórz z nich słowa albo porównuj z poprzednim stylem.

Zastanów się, który bardziej pasuje do Twojego charakteru pisma – każdy styl ma swój klimat!

Podstawowa kaligrafia

Kaligrafia – wielkie litery (styl 2)

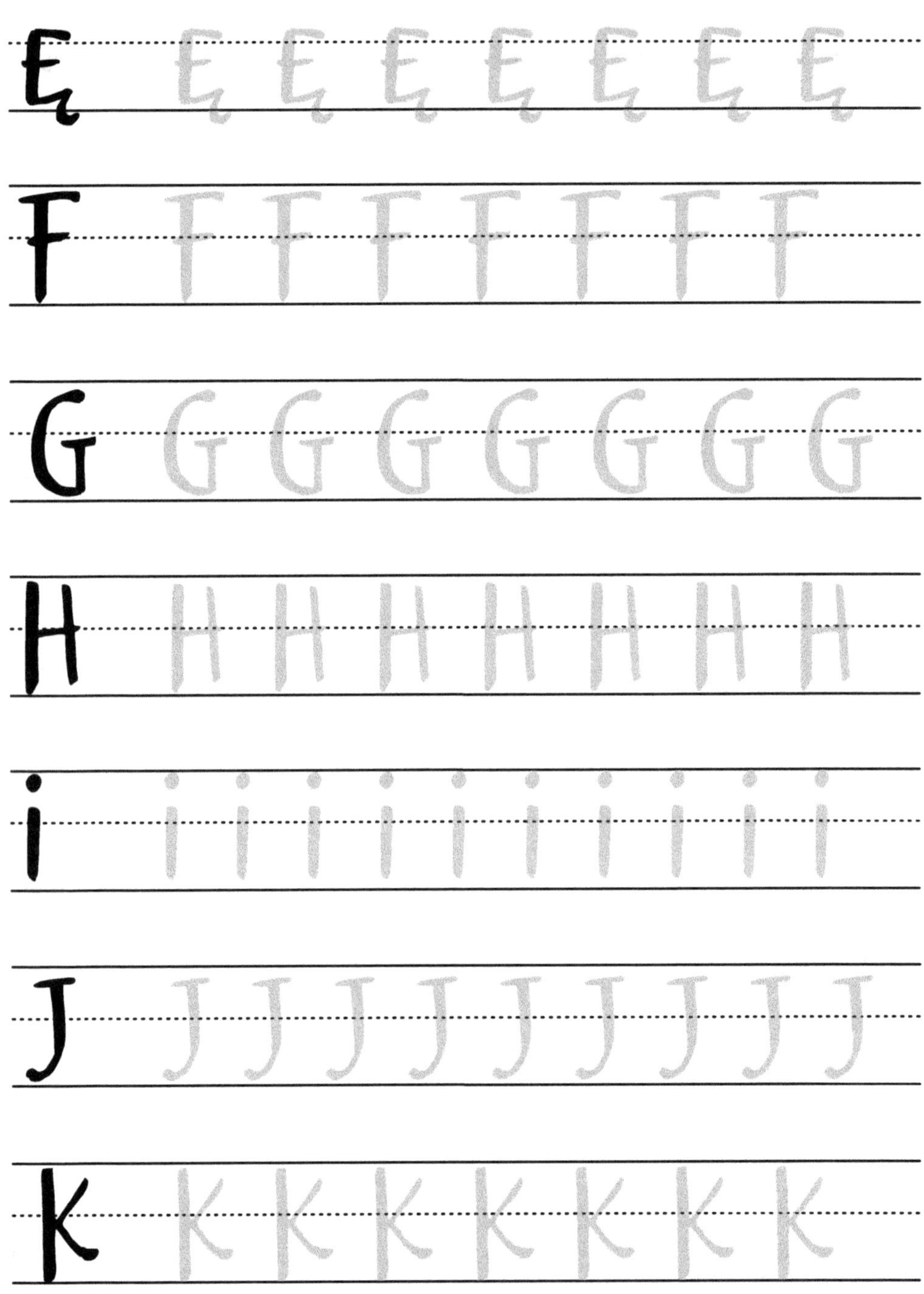

Arkusz ćwiczeń

Spróbuj napisać swoje imię tym stylem – to dobra okazja, by połączyć litery i oswoić się z ich rytmem.

Możesz też zapisać inicjały, tytuł ulubionej książki albo ważne słowo – ten arkusz to Twoja scena!

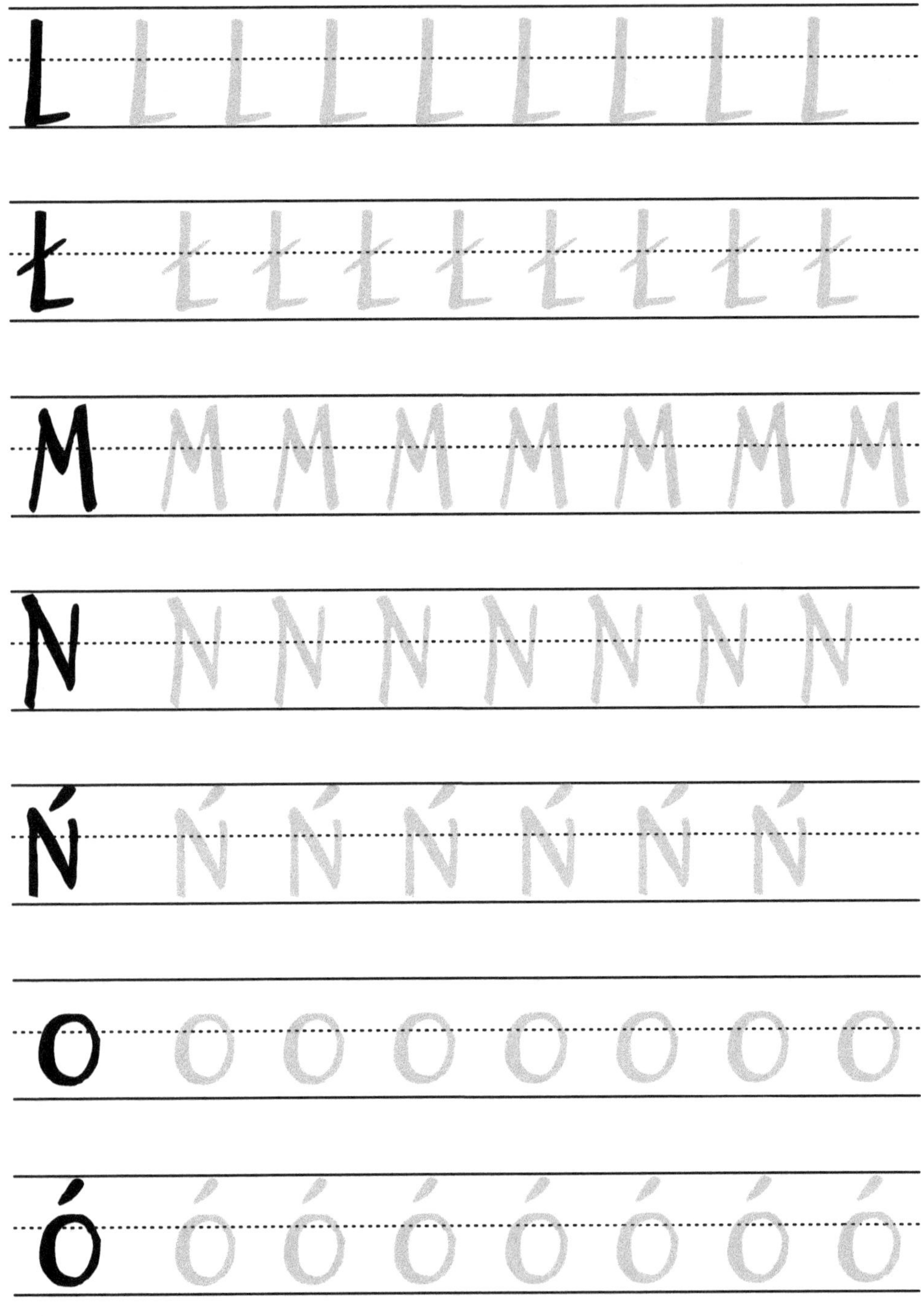

Arkusz ćwiczeń

Przepisz słowo na każdą literę, np. „Organizacja", „Przygoda", „Radość".
„Poeksperymentuj z różnym naciskiem, rozmiarem liter, odstępami – to
świetny sposób na rozwijanie własnego stylu.

P

Q

R

S

Ś

T

U

Arkusz ćwiczeń

Zrób z niego pole do eksperymentów. Napisz słowo, które zawiera przynajmniej 3 z ćwiczonych liter.

Przykładowe wyzwania:Imię z literą Ś lub T Nazwa miasta (np. Płock, Rzeszów) Krótkie zdanie, np. , TUR ŚPI."

Podstawowa kaligrafia

Kaligrafia – wielkie litery (styl 2)

V

W

X

y

Z

ź

ż

Arkusz ćwiczeń

Wyzwanie: spróbuj stworzyć słowo zawierające jak najwięcej liter z V–Z
(np. „Wyzwaniowy”, „Zwycięstwo”, „Vox”).

Możesz też napisać swoje imię lub podpis w tym stylu – zobacz, jak
wygląda z tym krojem pisma!

Kaligrafia – małe litery (styl 2)

V v v v v v v v v v v

W w w w w w w w w

X x x x x x x x x x

y y y y y y y y y y

Z z z z z z z z z

Ź ź ź ź ź ź ź ź ź ź ź

Ż ż ż ż ż ż ż ż ż ż ż

Arkusz ćwiczeń

Użyj tej strony, by poćwiczyć litery z ostatniego zestawu albo połączyć je w proste słowa.Możesz też wrócić do wcześniejszych liter i tworzyć dowolne kombinacje – tak, jak chcesz.

To Twoje miejsce na swobodną kaligrafię – próbuj, mieszaj, twórz!

Kaligrafia – cyfry (styl 2)

1 1 1 1 1 1 1 1 1 1 1

2 2 2 2 2 2 2 2 2 2

3 3 3 3 3 3 3 3 3 3

4 4 4 4 4 4 4 4

5 5 5 5 5 5 5 5 5 5

6 6 6 6 6 6 6 6

7 7 7 7 7 7 7 7 7 7

Arkusz ćwiczeń

Użyj tej strony, by przećwiczyć pisanie cyfr od 0 do 6 w stylu 2.

Powtarzaj je tak często, jak potrzebujesz – aż poczujesz swobodę w ruchu ręki. Możesz także próbować pisać liczby, daty lub proste działania matematyczne.

Podstawowa kaligrafia

Kaligrafia – cyfry (styl 2)

8   8 8 8 8 8 8 8

9   9 9 9 9 9 9 9

0   0 0 0 0 0 0 0

Arkusz ćwiczeń

Spróbuj napisać datę, numer telefonu, godzinę lub przykład matematyczny w stylu 2. Pobaw się też mieszaniem cyfr z literami – na przykład: Q2, Art 7, No. 9, 2025.

To Twoja przestrzeń na kreatywność – ćwicz tak, jak lubisz!

Pisanie Pisanie

Miłość Miłość

Piękno Piękno

Dziękuję

Słodki Słodki

Cześć Cześć

Życie Życie

Arkusz ćwiczeń

Ćwicz pisanie całych słów, które poznałeś(-aś) na poprzedniej stronie.

Możesz też tworzyć własne napisy – imiona, ulubione cytaty, hasła motywacyjne.

To Twoje miejsce na kreatywność – baw się literami i daj im wybrzmieć!

Słońce Słońce

Księżyc Księżyc

Morze Morze

Wino Wino

Rodzina Rodzina

Szczęście

Wolność

Arkusz ćwiczeń

Wykorzystaj ten arkusz, by stworzyć własne słowa lub krótkie cytaty, inspirowane tym, co właśnie przećwiczyłeś(-aś). Możesz napisać coś od siebie, np. zdanie, które lubisz, imię bliskiej osoby lub tytuł ulubionej piosenki. To miejsce jest Twoje – nie bój się eksperymentować ze stylem!

Podstawowa kaligrafia

Ćwiczenia z pisania słów – styl 1

Poniedziałek

Wtorek Wtorek

Środa Środa

Czwartek

Piątek Piątek

Sobota Sobota

Niedziela

Arkusz ćwiczeń

Ćwicz pisanie dni tygodnia – możesz je połączyć z datą lub ułożyć zdania, np. „Dziś jest środa” albo „W niedzielę odpoczywam”.

Spróbuj pisać płynnie, starannie i z własnym wyczuciem stylu.

To Twoje miejsce – pisz swobodnie i baw się kaligrafią!

Podstawowa kaligrafia

Ćwiczenia z pisania słów – styl 1

Wiosna Wiosna

Lato Lato Lato

Jesień Jesień

Zima Zima

Śnieg Śnieg

Słońce Słońce

Deszcz Deszcz

Arkusz ćwiczeń

Zainspiruj się porami roku! Napisz np. „Uwielbiam wiosnę", „Latem świeci słońce" lub „Jesienią pada deszcz". Możesz też tworzyć własne skojarzenia i hasła z tymi słowami. Nie bój się eksperymentować ze stylem i łączyć liter – to Twoja kaligrafia, Twoje zasady.

MAGIA MAGIA

POEZJA POEZJA

BÓL BÓL BÓL

POWIETRZE

PRZYGODA

PLAŻA PLAŻA

GÓRA GÓRA

Arkusz ćwiczeń

Ćwicz pisanie słów związanych z naturą, emocjami i przygodą.

*Spróbuj napisać własne zdanie z użyciem któregoś z tych słów – np.
, Poezja to magia słów" albo , Kocham górskie przygody".*

Nie spiesz się – skup się na pięknym kształcie każdej litery!

MIŁOŚĆ MIŁOŚĆ

TĘSKNOTA

RADOŚĆ RADOŚĆ

NADZIEJA

LĘK LĘK LĘK

SPOKÓJ SPOKÓJ

WDZIĘCZNOŚĆ

Arkusz ćwiczeń

Spróbuj napisać jedno ze swoich ulubionych słów związanych z uczuciami – lub ułóż całe zdanie, np. „Czuję wdzięczność każdego dnia".

Możesz też połączyć dwa uczucia w jednej linii – baw się formą i stylem!

Podstawowa kaligrafia

Ćwiczenia z pisania krótkich fraz – styl 1

Kochaj i twórz

Pisz z pasją

Słowa mają moc

Chwile zapisane

Litera po literze

Z serca na papier

Moja historia

Arkusz ćwiczeń

Wybierz jedną z fraz z lewej strony i napisz ją kilka razy – możesz też wymyślić własną.

Pamiętaj, że kaligrafia to nie tylko styl, ale też emocje – pisz tak, jak czujesz!

Podstawowa kaligrafia

Ćwiczenia z pisania krótkich fraz – styl I

Żyj pięknie

Cisza myśli

Uwolnij emocje

Sztuka pisania

Płynność ruchu

Delikatny ślad

Litery jak taniec

Arkusz ćwiczeń

Poeksperymentuj z wielkością liter, dodaj ozdobniki albo połącz kilka fraz w jedną.

Nie bój się błędów – każda kreska to krok do przodu.

Podstawowa kaligrafia

Ćwiczenia z pisania krótkich fraz – styl 2

GÓRY WOLNOŚCI

KOCHAM LATO

SPOKÓJ W GŁOWIE

LEĆ, MARZENIE

MOJE MIEJSCE

DELIKATNY ŚLAD

UWOLNIJ EMOCJE

Arkusz ćwiczeń

Wymyśl własną frazę, która coś dla Ciebie znaczy.

Napisz ją wielkimi literami i baw się formą – możesz też połączyć kilka słów z lewej strony.

Podstawowa kaligrafia

Ćwiczenia z pisania krótkich fraz – styl 2

LATO NA MAKSA

MOC W TOBIE

ŻYJ PEŁNIĄ ŻYCIA

IDZIEMY W GÓRY

WOLNY JAK PTAK

SKOK W NIEZNANE

SŁOŃCE I WIATR

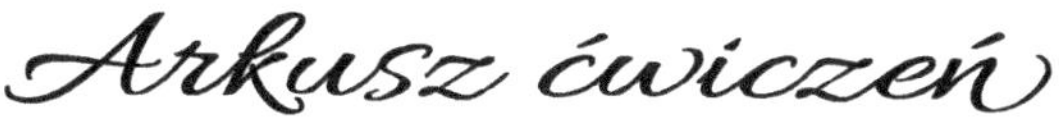

Zapisz kilka swoich emocji lub wspomnień.

Niech litery będą tak wyjątkowe, jak Twoje myśli – spróbuj każdą linię napisać trochę inaczej.

DZIĘKI, ŻE PRZESZLIŚMY TĘ KALIGRAFICZNĄ DROGĘ RAZEM.

KAŻDA LITERA, KTÓRĄ NAPISAŁEŚ(-AŚ), TO KROK W STRONĘ

WŁASNEGO STYLU.

NIE MUSISZ BYĆ PERFEKCYJNY(-A) — LICZY SIĘ RADOŚĆ

TWORZENIA I WŁASNY RYTM.

PISZ, JAK CZUJESZ.

WRACAJ DO TYCH STRON, GDY TYLKO ZECHCESZ.

A PRZEDE WSZYSTKIM — BAW SIĘ TYM DALEJ!

Arkusz ćwiczeń

Arkusz ćwiczeń

Arkusz ćwiczeń

Arkusz ćwiczeń

Arkusz ćwiczeń

Arkusz ćwiczeń

Jeśli ta książka Ci się spodobała, zostaw proszę opinię.

To dla mnie ogromna motywacja i pomoc w tworzeniu kolejnych projektów.

Dziękuję, że wybrałeś(-aś) właśnie ten zeszyt do nauki kaligrafii.

Niech litery towarzyszą Ci jeszcze długo!